Male für jede Seite, die du bearbeitet hast, einen Stern aus! Viel Freude!

AF217330

1	2	3	4	5	6	7	8	9	10
11	12	13	14	15	16	17	18	19	20

					6				
	12							19	

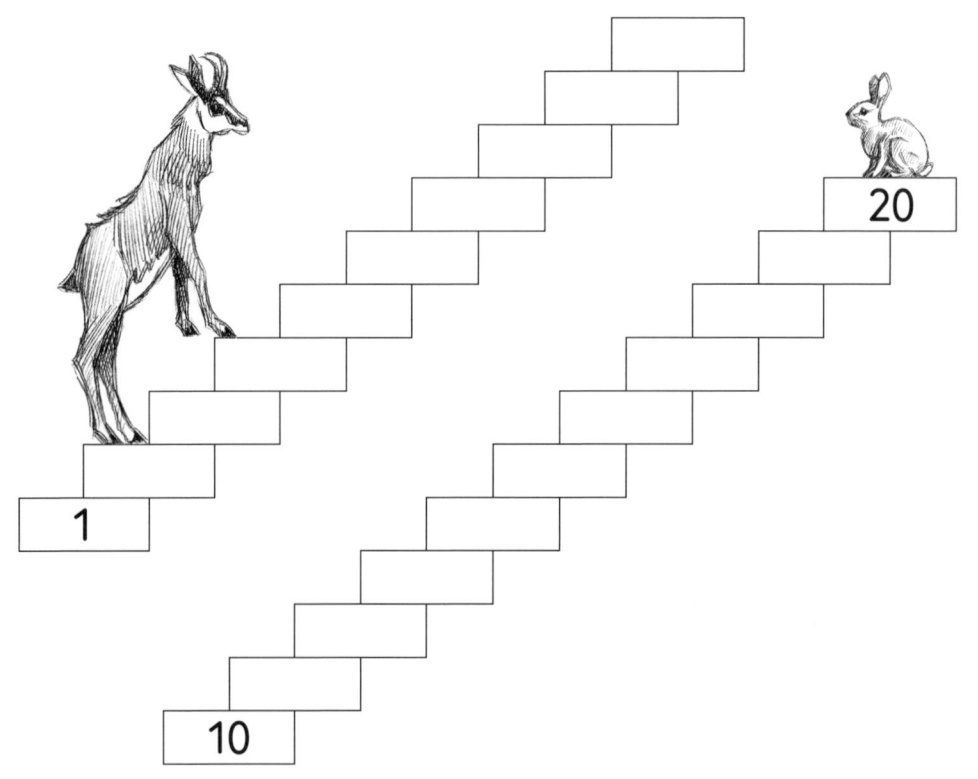

$10 + 0 = 10$

$10 + 3 = \boxed{}$

$10 + \boxed{} = \boxed{}$

$10 + \boxed{} = \boxed{}$

$10 + \boxed{} = \boxed{}$

$10 + \boxed{} = \boxed{}$

$10 + \boxed{} = \boxed{}$

$10 + \boxed{} = \boxed{}$

Vorgänger/Nachfolger/Nachbarzahlen im Zahlenraum bis 20

 Vorgänger  Zahl  Nachfolger

V	Z	N
9	10	11
	4	
	13	

V	Z	N
	9	
	3	
	17	

V	Z	N
	12	
	19	
	2	

V	Z	N
12		
	6	
18		

V	Z	N
		20
2		
	16	

V	Z	N
		13
		5
8		

V	Z	N
	17	
		19
	2	

V	Z	N
	5	
14		
		8

V	Z	N
	6	
	15	
18		

V	Z	N
4		
	13	
		9

V	Z	N
	11	
3		
17		

V	Z	N
	16	
		8
12		

Zähle!

$$4 - 1 = 3$$

$$6 - \square = \square$$

$$\square - \square = \square$$

$$\square - \square = \square$$

$$\square - \square = \square$$

$$\square - \square = \square$$

$$\square - \square = \square$$

$$\square - \square = \square$$

$$\square - \square = \square$$

$$\square - \square = \square$$

$$\square - \square = \square$$

$$\square - \square = \square$$

Subtraktionsaufgaben im Zahlenraum bis 10 mit Hilfe von Perlenstangen © sternchenverlag GmbH

$2 - 1 = 1$ $9 - 5 = \square$ $8 - 8 = \square$

$3 - 2 = \square$ $4 - 4 = \square$ $6 - 4 = \square$

$5 - 2 = \square$ $8 - 6 = \square$ $7 - 0 = \square$

$4 - 2 = \square$ $9 - 3 = \square$ $5 - 4 = \square$

$5 - 3 = \square$ $7 - 4 = \square$ $9 - 8 = \square$

$10 - 9 = \square$ $9 - 9 = \square$

$10 - 8 = \square$ $8 - 4 = \square$

$10 - 7 = \square$ 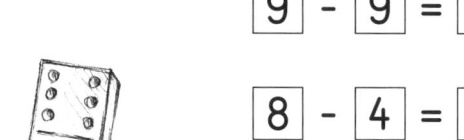 $6 - 6 = \square$

$10 - 6 = \square$ $4 - 2 = \square$

$10 - 5 = \square$ $7 - 7 = \square$

$10 - 4 = \square$ $3 - 1 = \square$

$$5 - 2 = 3$$
$$3 + 2 = \boxed{}$$

$$\boxed{} - \boxed{} = \boxed{}$$
$$\boxed{} + \boxed{} = \boxed{}$$

$$8 - \boxed{} = \boxed{}$$
$$4 + \boxed{} = \boxed{}$$

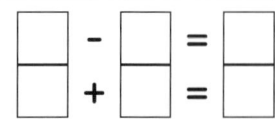

$$\boxed{} - \boxed{} = \boxed{}$$
$$\boxed{} + \boxed{} = \boxed{}$$

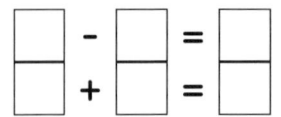

$$\boxed{} - \boxed{} = \boxed{}$$
$$\boxed{} + \boxed{} = \boxed{}$$

$$\boxed{} - \boxed{} = \boxed{}$$
$$\boxed{} + \boxed{} = \boxed{}$$

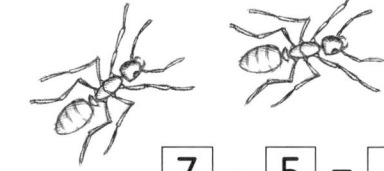

$$7 - 5 = \boxed{}$$
$$2 + 5 = \boxed{}$$

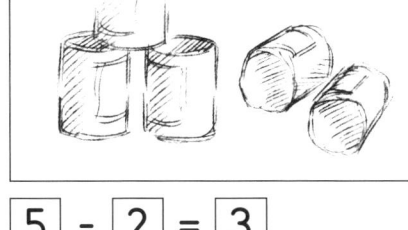

$$5 - 2 = \boxed{3}$$
$$3 + 2 = \boxed{5}$$

$$5 - 1 = \boxed{}$$
$$4 + 1 = \boxed{}$$

$$9 - 8 = \boxed{}$$
$$1 + 8 = \boxed{}$$

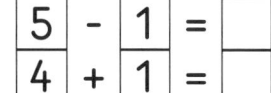

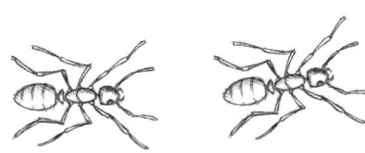

$$7 - 1 = \boxed{}$$
$$6 + 1 = \boxed{}$$

$$5 - 2 = \boxed{}$$
$$3 + 2 = \boxed{}$$

$$5 - 2 = \boxed{}$$
$$3 + \boxed{} = \boxed{}$$

$$4 - 2 = \boxed{}$$
$$2 + 2 = \boxed{}$$

$$7 - 2 = \boxed{}$$
$$5 + 2 = \boxed{}$$

$$6 - 2 = \boxed{}$$
$$4 + \boxed{} = \boxed{}$$

$$8 - 1 = \boxed{}$$
$$7 + 1 = \boxed{}$$

$$8 - 4 = \boxed{}$$
$$4 + 4 = \boxed{}$$

$$7 - 3 = \boxed{}$$
$$4 + \boxed{} = \boxed{}$$

$$6 - 2 = \boxed{}$$
$$4 + 2 = \boxed{}$$

$$5 - 5 = \boxed{}$$
$$0 + 5 = \boxed{}$$

$$8 - 4 = \boxed{}$$
$$4 + \boxed{} = \boxed{}$$

$$8 - 2 = \boxed{}$$
$$6 + 2 = \boxed{}$$

$$7 - 3 = \boxed{}$$
$$4 + 3 = \boxed{}$$

$$3 - 2 = \boxed{}$$
$$1 + \boxed{} = \boxed{}$$

3	6	9
3	+	6	=	9
6	+	3	=	9
9	−	6	=	3
9	−	3	=	6

3	5	8
☐	+	☐	=	☐
☐	+	☐	=	☐
8	−	☐	=	☐
8	−	☐	=	☐

5	2	7
☐	+	☐	=	☐
☐	+	☐	=	☐
☐	−	☐	=	☐
☐	−	☐	=	☐

2	4	6
☐	+	☐	=	☐
☐	+	☐	=	☐
☐	−	☐	=	☐
☐	−	☐	=	☐

5	4	9
☐	+	☐	=	☐
☐	+	☐	=	☐
☐	−	☐	=	☐
☐	−	☐	=	☐

1	7	8
☐	+	☐	=	☐
☐	+	☐	=	☐
☐	−	☐	=	☐
☐	−	☐	=	☐

7	2	9
☐	+	☐	=	☐
☐	+	☐	=	☐
☐	−	☐	=	☐
☐	−	☐	=	☐

4	3	7
☐	+	☐	=	☐
☐	+	☐	=	☐
☐	−	☐	=	☐
☐	−	☐	=	☐

2	6	8
☐	+	☐	=	☐
☐	+	☐	=	☐
☐	−	☐	=	☐
☐	−	☐	=	☐

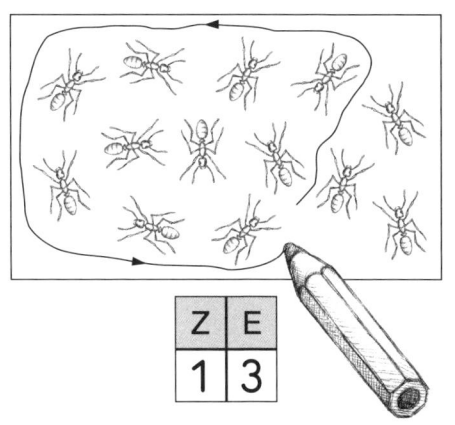

Z	E
1	3

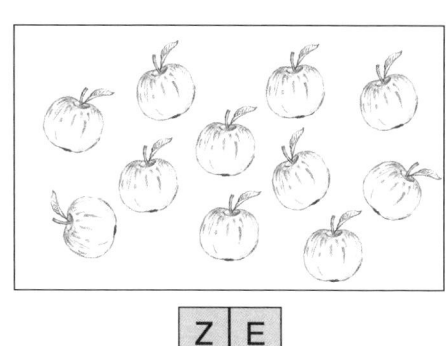

Z	E

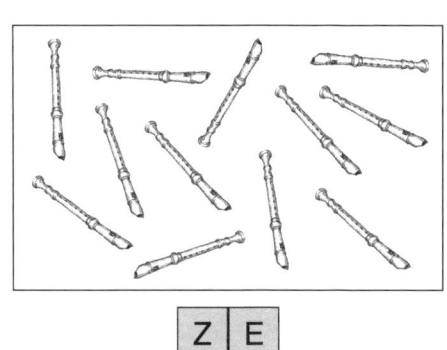

Z	E

Z	E

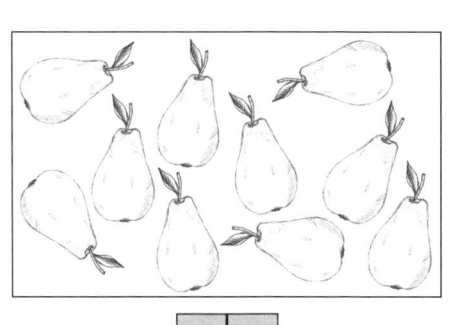

Z	E

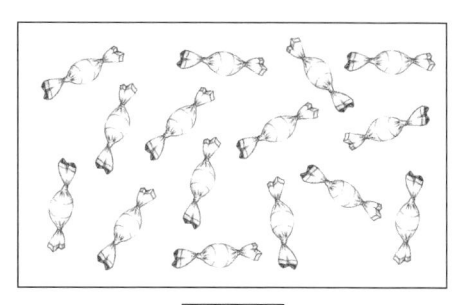

Z	E

Kreise ein!

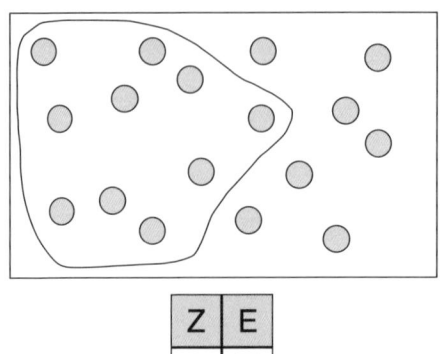

Z	E
1	7

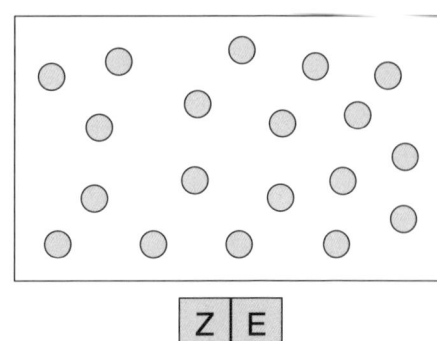

Z	E

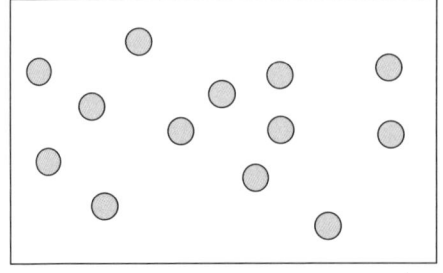

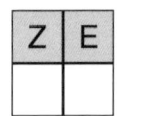

Z	E

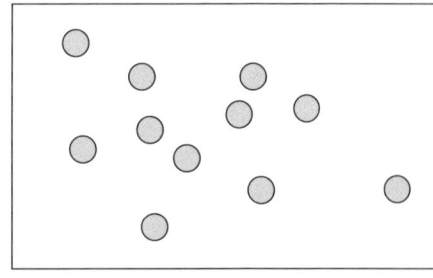

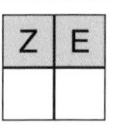

Z	E

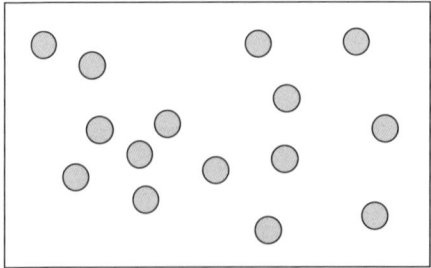

Z	E

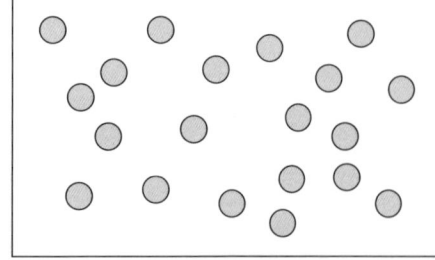

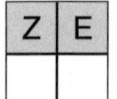

Z	E

Zehner und Einer

4 + 2 = 6	3 + 5 = ☐	4 + 3 = ☐
14 + 2 = ☐	13 + 5 = ☐	14 + 3 = ☐
6 + 2 = ☐	4 + 4 = ☐	3 + 3 = ☐
16 + 2 = ☐	14 + 4 = ☐	13 + 3 = ☐
3 + 6 = ☐	2 + 7 = ☐	4 + 5 = ☐
13 + 6 = ☐	12 + 7 = ☐	14 + 5 = ☐

4 + ☐ = 6	3 + ☐ = 6	2 + ☐ = 7
14 + ☐ = 16	13 + ☐ = 16	12 + ☐ = 17
4 + ☐ = 7	4 + ☐ = 8	6 + ☐ = 8
14 + ☐ = 17	14 + ☐ = 18	16 + ☐ = 18

10 + 2 = | 1 | 2 |

10 + 4 =

10 + 6 =

10 + 8 =

12 + 2 =

12 + 4 =

12 + 6 =

12 + 8 =

14 + 2 =

14 + 4 =

14 + 6 =

---

11 + 2 =

11 + 4 =

11 + 6 =

11 + 8 =

13 + 2 =

13 + 4 =

13 + 6 =

15 + 2 =

15 + 4 =

---

10 + 1 =

10 + 3 =

10 + 5 =

10 + 7 =

10 + 9 =

12 + 1 =

12 + 3 =

12 + 5 =

12 + 7 =

14 + 1 =

14 + 3 =

14 + 5 =

+	8	7	6
10	18		
12			
11			

Zähle leise
bis 50!

+	4	5	6
12			
14			
11			

+	2	4	6
13			
14			

Additionsaufgaben im zweiten Zehner in Tabellenform

$3 + 7 = \boxed{1 \;\; 0}$ $\longrightarrow$ $13 + 7 = \boxed{}$

$8 + 2 = \boxed{}$ $\longrightarrow$ $18 + 2 = \boxed{}$

$1 + 9 = \boxed{}$ $\longrightarrow$ $11 + 9 = \boxed{}$

$5 + 5 = \boxed{}$ $\longrightarrow$ $15 + 5 = \boxed{}$

$6 + 4 = \boxed{}$ $\longrightarrow$ $16 + 4 = \boxed{}$

$7 + 3 = \boxed{}$ $\longrightarrow$ $17 + 3 = \boxed{}$

$10 + 0 = \boxed{}$ $\longrightarrow$ $20 + 0 = \boxed{}$

$2 + 8 = \boxed{}$ $\longrightarrow$ $12 + 8 = \boxed{}$

$3 + 16 = \boxed{}$	$5 + 12 = \boxed{}$	$2 + 17 = \boxed{}$
$16 + \;\; 3 = \boxed{}$	$12 + \;\; 5 = \boxed{}$	$17 + \;\; 2 = \boxed{}$
$3 + 14 = \boxed{}$	$2 + 18 = \boxed{}$	$4 + 13 = \boxed{}$
$14 + \;\; 3 = \boxed{}$	$18 + \;\; 2 = \boxed{}$	$13 + \;\; 4 = \boxed{}$

16 + 2	○	○ 12
12 + 4	○	○ 17
10 + 3	○	○ 19
2 + 13	○	○ 11
2 + 12	○	○ 20
6 + 14	○	○ 14
1 + 10	○	○ 15
7 + 12	○	○ 13
14 + 3	○	○ 16
11 + 1	○	○ 18

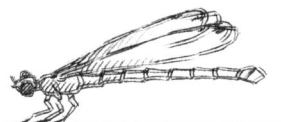

4 - 2 = 2	8 - 5 = ☐	4 - 1 = ☐
14 - 2 = ☐	18 - 5 = ☐	14 - 1 = ☐

6 - 2 = ☐	7 - 3 = ☐	9 - 4 = ☐
16 - 2 = ☐	17 - 3 = ☐	19 - 4 = ☐

9 - 3 = ☐	8 - 7 = ☐	9 - 5 = ☐
19 - 3 = ☐	18 - 7 = ☐	19 - 5 = ☐

6 - ☐ = 4	6 - ☐ = 3	9 - ☐ = 7
16 - ☐ = 14	16 - ☐ = 13	19 - ☐ = 17

5 - ☐ = 3	7 - ☐ = 5	8 - ☐ = 4
15 - ☐ = 13	17 - ☐ = 15	18 - ☐ = 14

20 - 2 = 1 | 8   18 - 2 = ▢   16 - 2 = ▢

20 - 4 = ▢   18 - 4 = ▢   16 - 4 = ▢

20 - 6 = ▢   18 - 6 = ▢   16 - 6 = ▢

20 - 8 = ▢   18 - 8 = ▢

19 - 2 = ▢   17 - 2 = ▢   15 - 2 = ▢

19 - 4 = ▢   17 - 4 = ▢   15 - 4 = ▢

19 - 6 = ▢   17 - 6 = ▢

19 - 8 = ▢

20 - 1 = ▢   18 - 1 = ▢   16 - 1 = ▢

20 - 3 = ▢   18 - 3 = ▢   16 - 3 = ▢

20 - 5 = ▢   18 - 5 = ▢   16 - 5 = ▢

20 - 7 = ▢   18 - 7 = ▢

20 - 9 = ▢

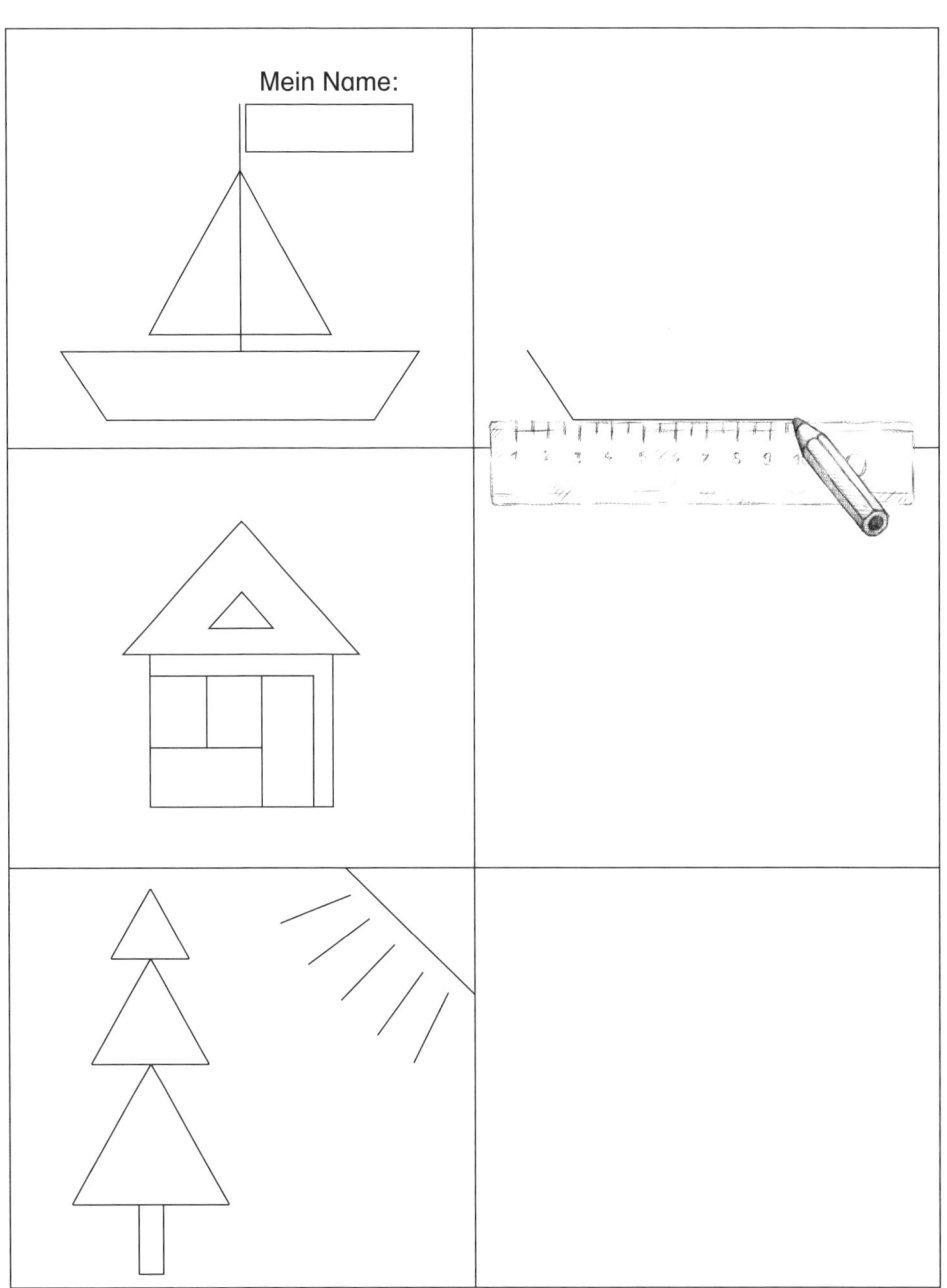

Mein Name:

-	4	6	3
8	4		
18			

-	3	2	5
6			
16			

-	3	4	2
17			
14			

Mache fünf
Kniebeugen!

17 − 4 = [1][3]   7 − 5 = ☐

6 − 5 = ☐   9 − 3 = ☐

4 + 5 = ☐   8 − 3 = ☐

19 − 5 = ☐   15 − 3 = ☐

2 + 6 = ☐   9 − 5 = ☐

8 − 5 = ☐   14 − 4 = ☐

3 + 4 = ☐   14 − 3 = ☐

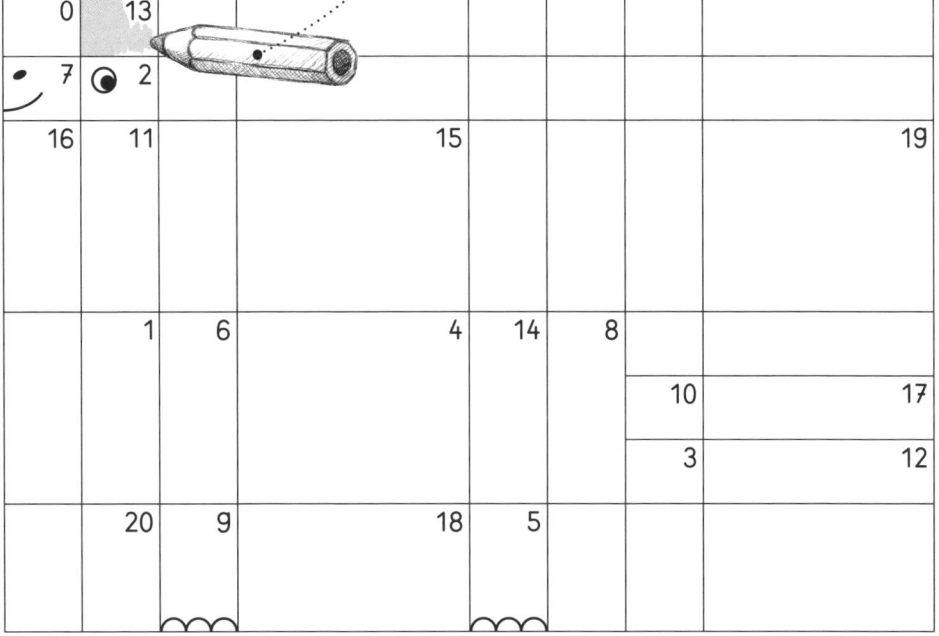

0	13						
7	2						
16	11			15			19
	1	6		4	14	8	
						10	17
						3	12
	20	9		18	5		

blau △ grün gelb ○ rot

Geometrische Flächen finden und anmalen © sternchenverlag GmbH

10 + 9 = 1 9	also sind	19 – 9 = 1 0
10 + 2 =	also sind	12 – 2 =
10 + 4 =	also sind	14 – 4 =
10 + 8 =	also sind	18 – 8 =
10 + 3 =	also sind	13 – 3 =
10 + 5 =	also sind	15 – 5 =
10 + 1 =	also sind	11 – 1 =
10 + 6 =	also sind	16 – 6 =
10 + 7 =	also sind	17 – 7 =
10 + 10 =	also sind	20 – 10 =

Was passt?

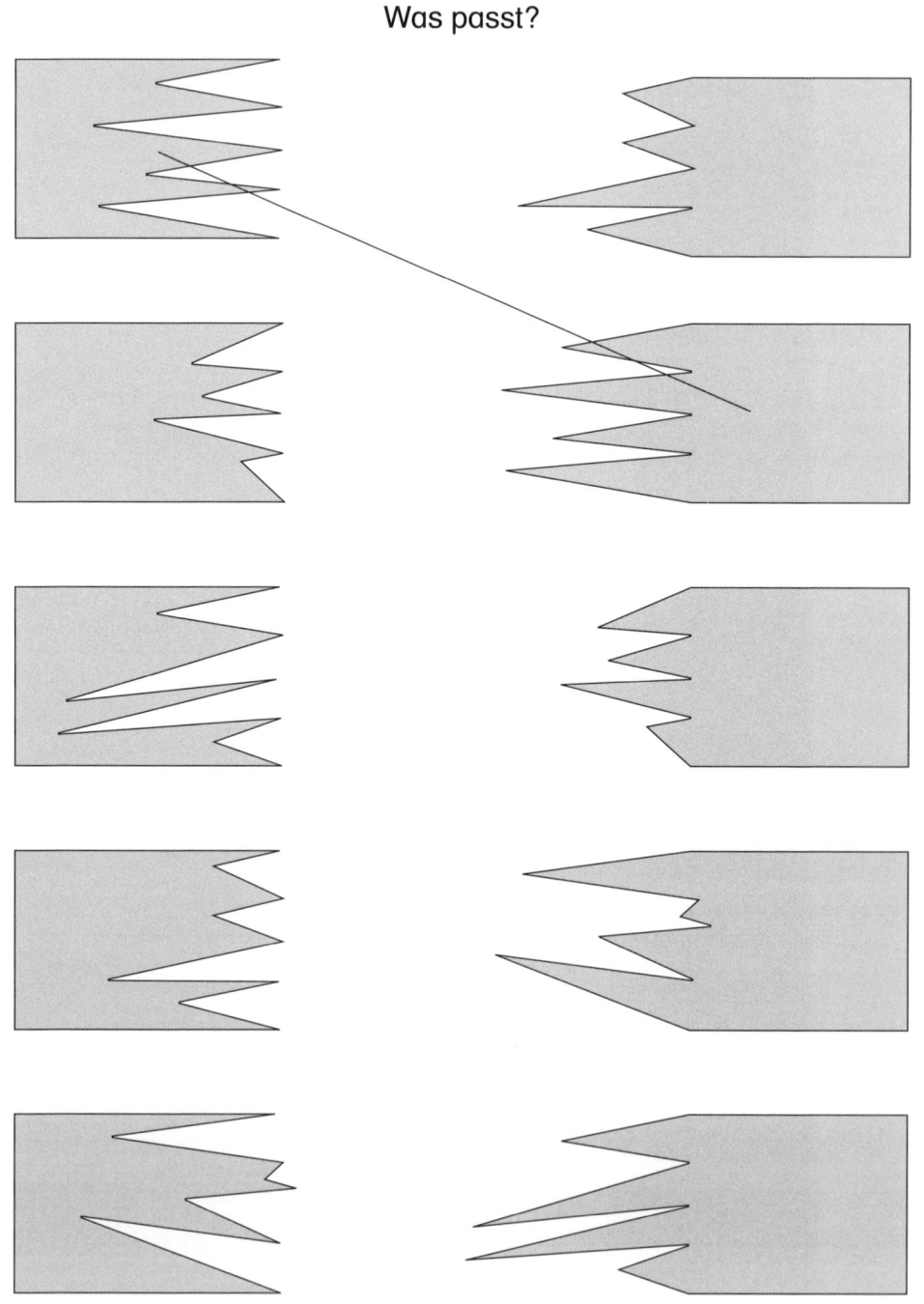

Zuordnung

© sternchenverlag GmbH

Ein Halbmond und zwei Striche reichen – fertig ist das Euro-Zeichen!

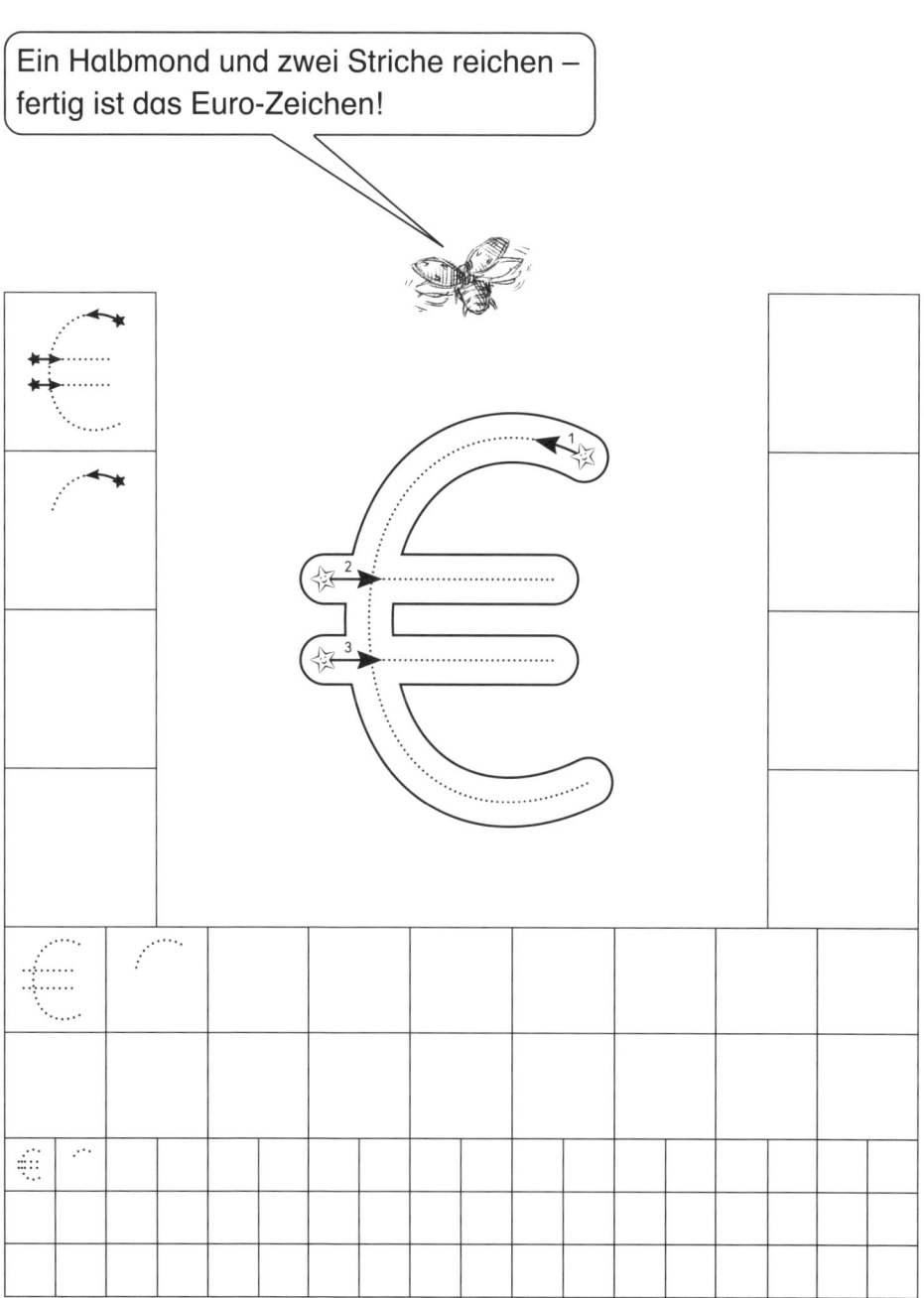

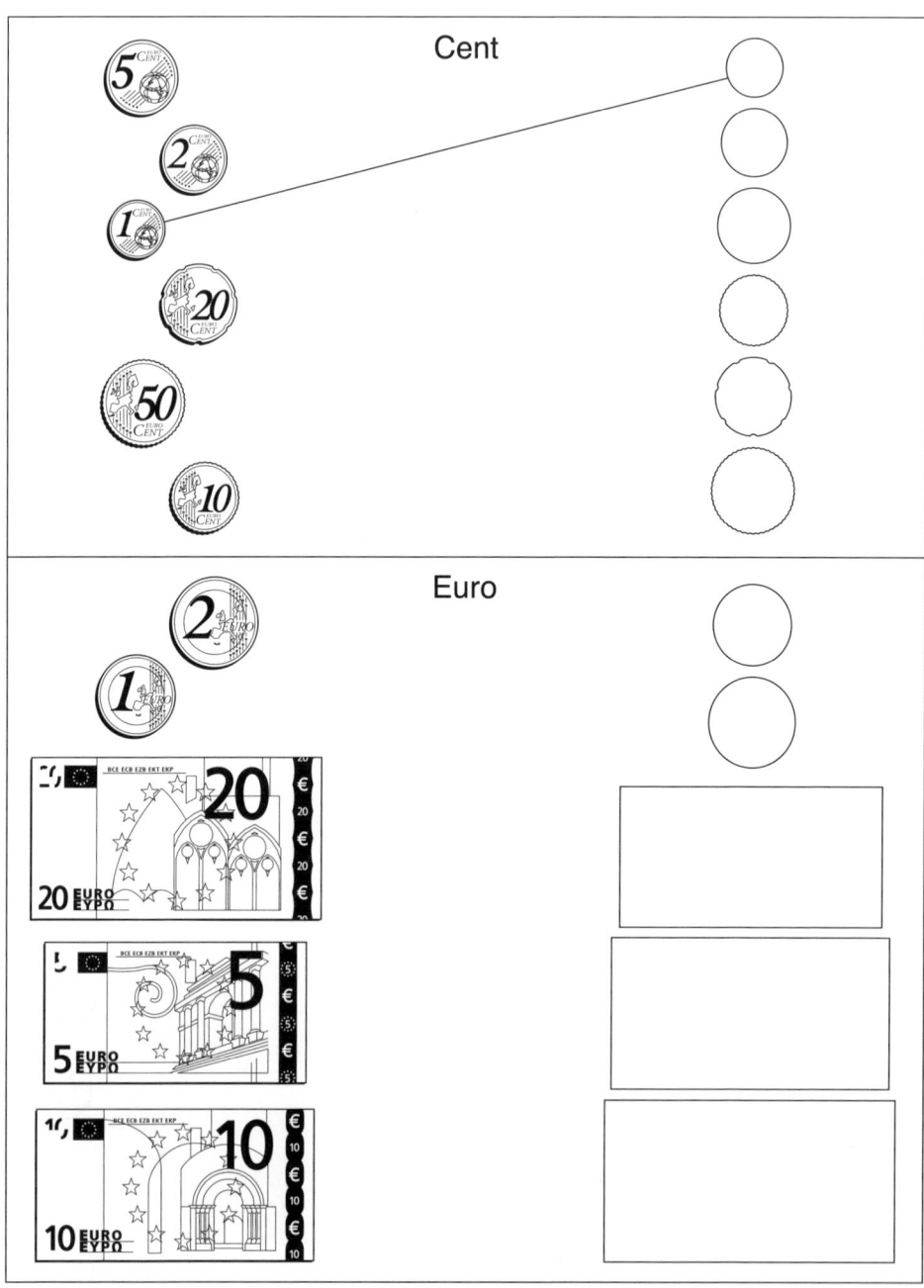

Cent

Euro

Geldwerte ordnen

© sternchenverlag GmbH

 Cent

 Cent

 Cent

 Cent

 Cent

Cent

Cent

Cent

Cent

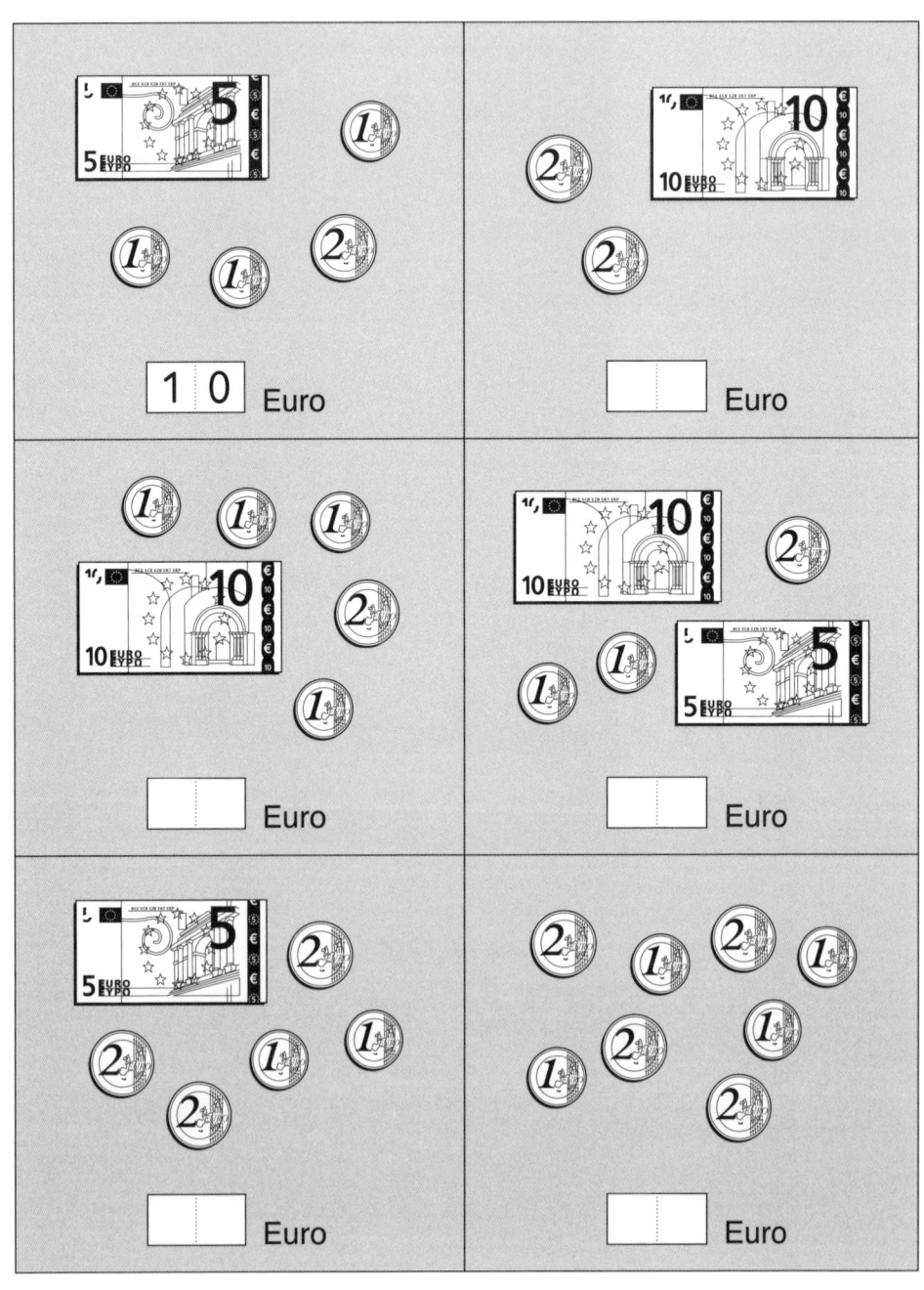

1 0 Euro

Euro

Euro

Euro

Euro

Euro

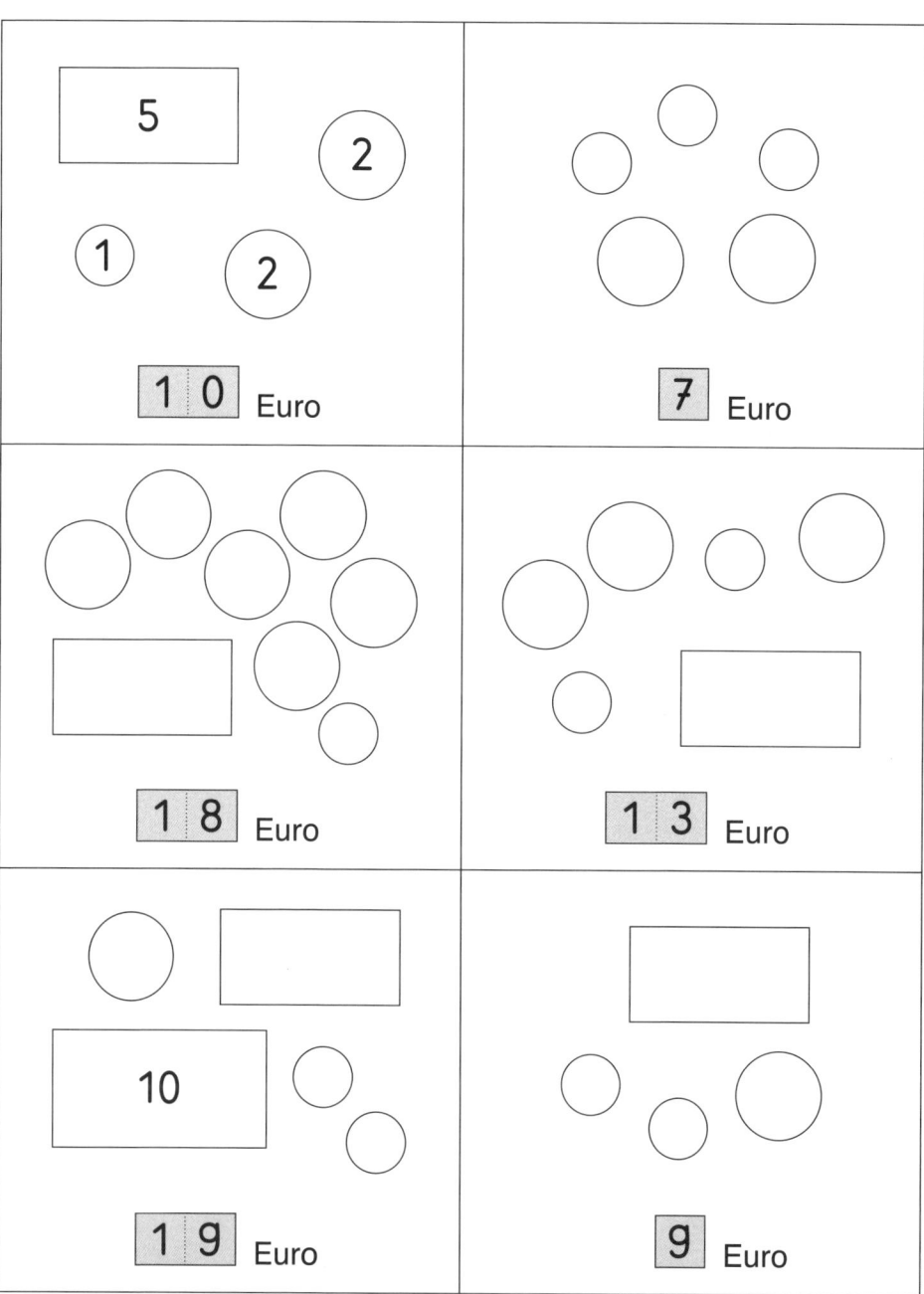

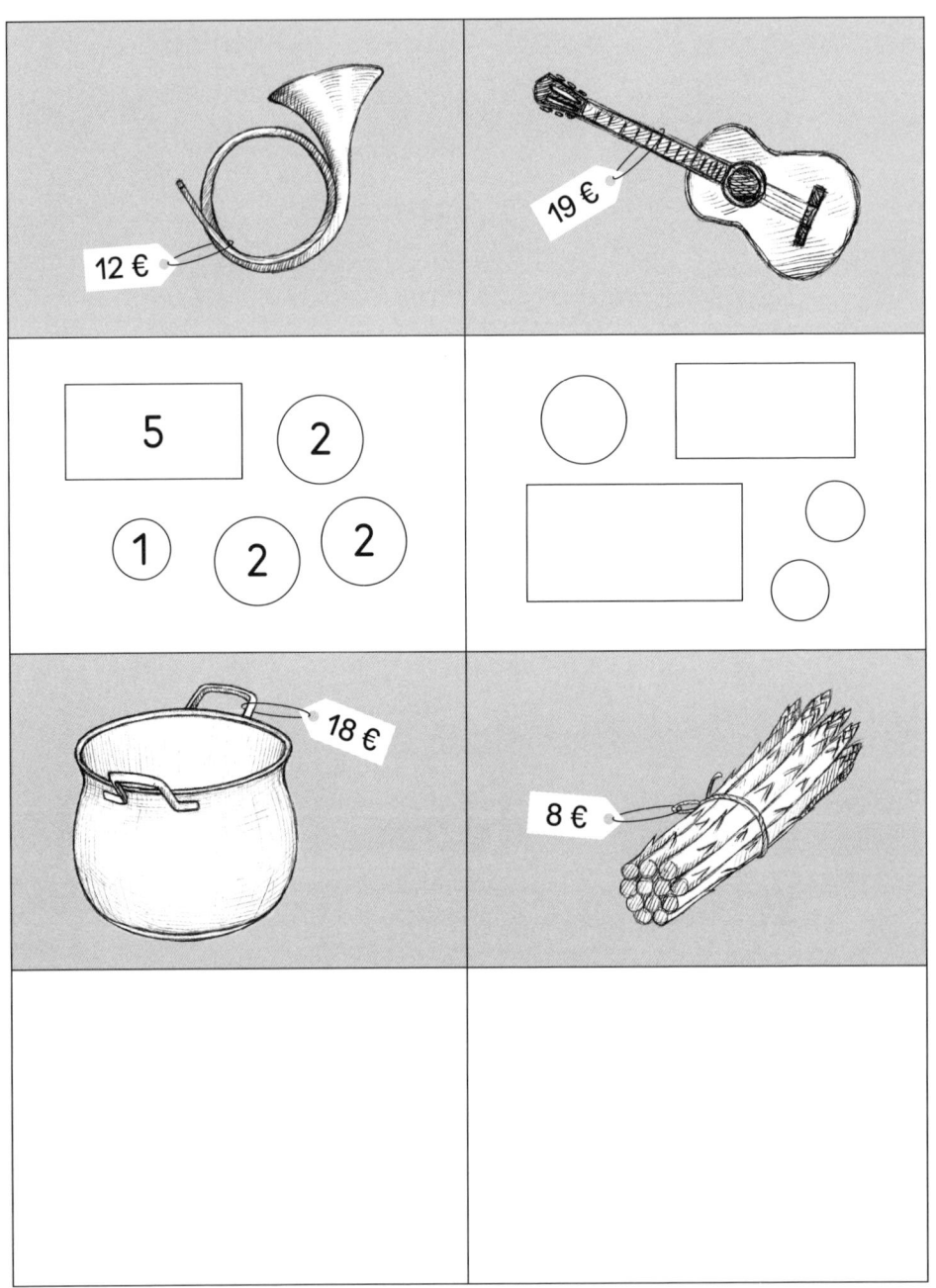

Eurobeträge

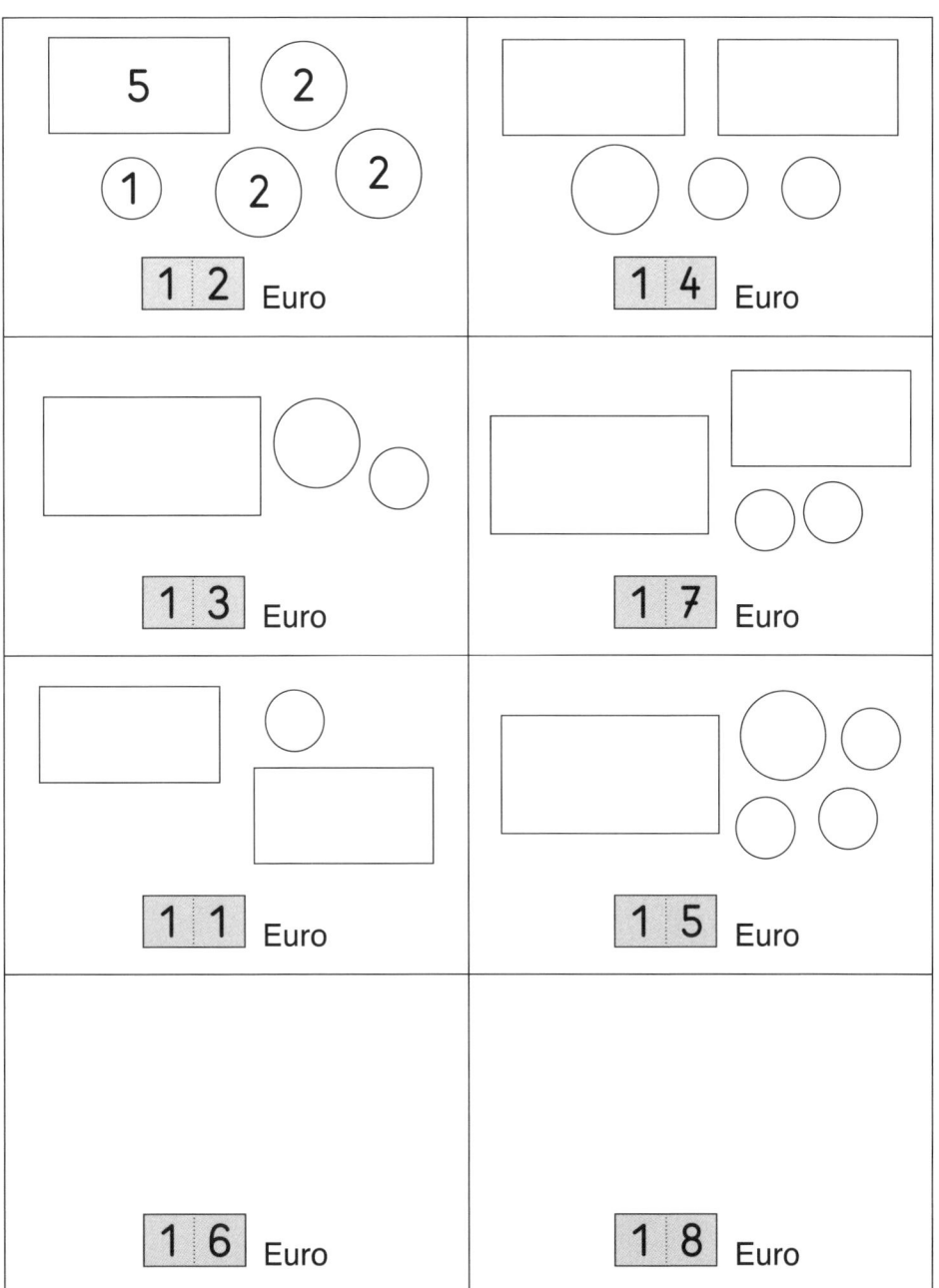

5   2

1   2   2

1 2 Euro

1 4 Euro

1 3 Euro

1 7 Euro

1 1 Euro

1 5 Euro

1 6 Euro

1 8 Euro

5 € + 3 € = $\boxed{8}$ €

12 € + 7 € = ☐ €

14 € + 5 € = ☐ €

14 € – 3 € = ☐ €

9 € – 7 € = ☐ €

18 € – 5 € = ☐ €

9 € + 2 € = ☐ €

7 € + 3 € = ☐ €

14 € + 6 € = ☐ €

8 € – 4 € = ☐ €

12 € – 3 € = ☐ €

16 € – 5 € = ☐ €

---

11 Cent + 4 Cent = ☐ Cent

12 Cent + 4 Cent = ☐ Cent

17 Cent + 2 Cent = ☐ Cent

16 Cent – 4 Cent = ☐ Cent

11 Cent – 2 Cent = ☐ Cent

9 Cent – 7 Cent = ☐ Cent

---

19 € – ☐ € = 15 €

8 € + ☐ € = 12 €

12 € + ☐ € = 20 €

17 € + ☐ € = 20 €

15 € – ☐ € = 11 €

17 € – ☐ € = 14 €

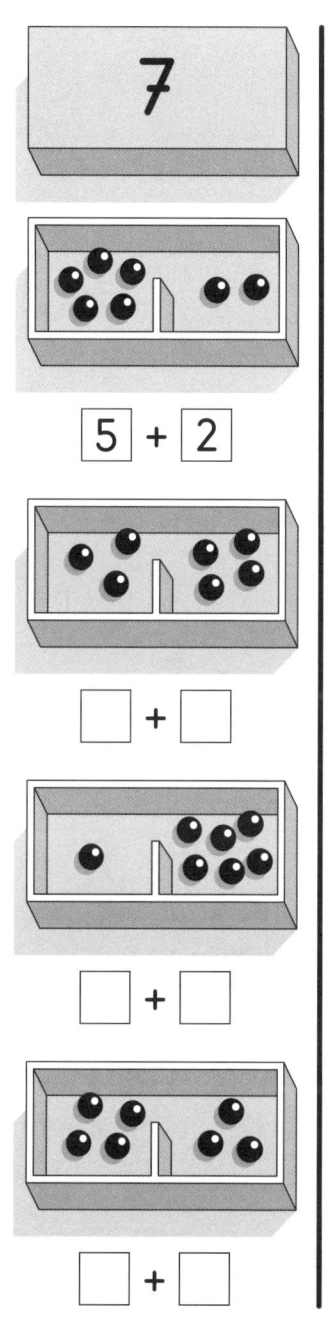

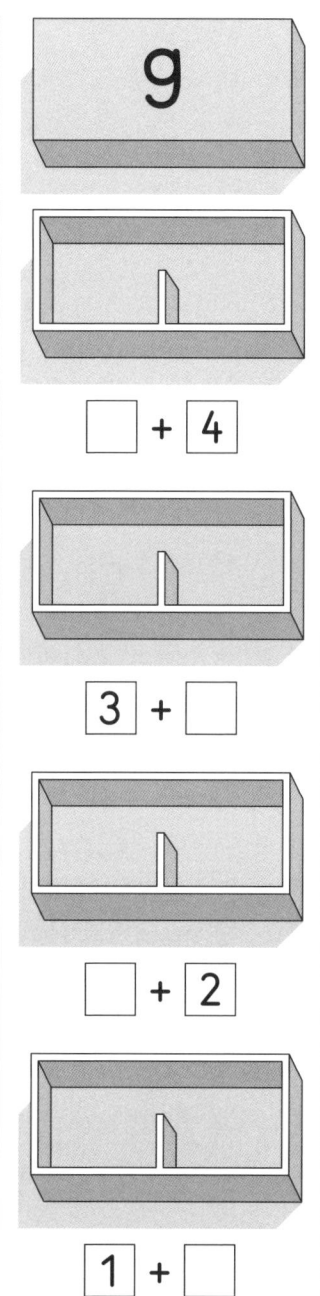

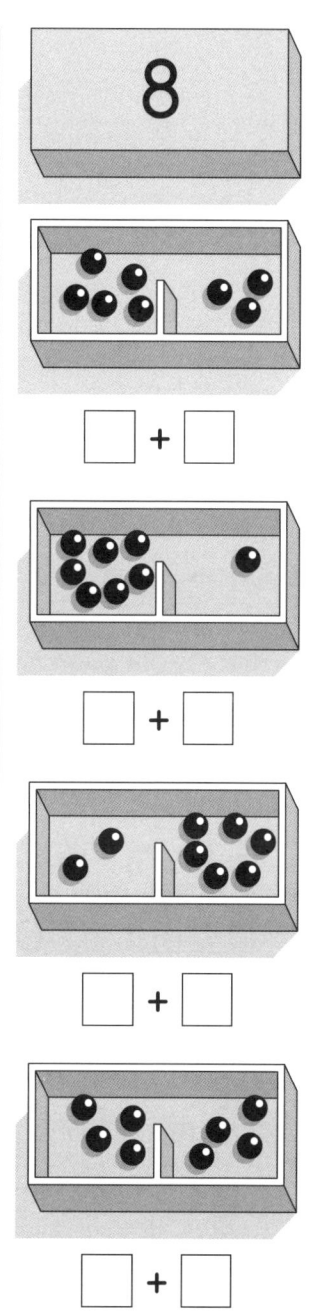

7

5 + 2

☐ + ☐

☐ + ☐

☐ + ☐

9

☐ + 4

3 + ☐

☐ + 2

1 + ☐

8

☐ + ☐

☐ + ☐

☐ + ☐

☐ + ☐

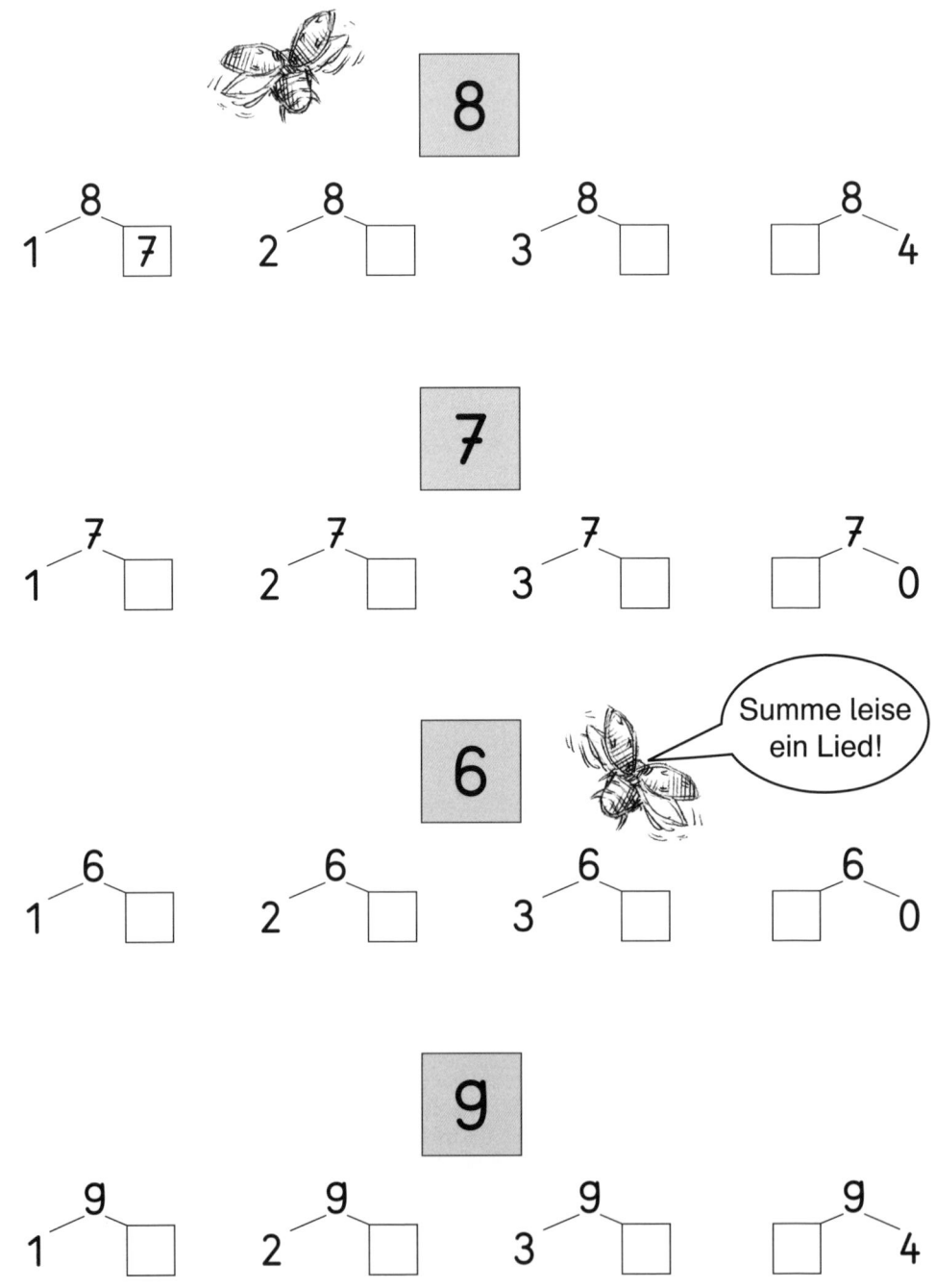

Summe leise ein Lied!

Zahlzerlegung

9 + 1 = 1 0   9 + 6 = ☐   8 + 2 = ☐

9 + 2 = ☐   9 + 7 = ☐   8 + 3 = ☐

9 + 3 = ☐   9 + 8 = ☐   8 + 4 = ☐

9 + 4 = ☐   9 + 9 = ☐   8 + 5 = ☐

9 + 5 = ☐   8 + 6 = ☐

7 + 3 = ☐      6 + 4 = ☐

7 + 4 = ☐   6 + 5 = ☐

7 + 5 = ☐   6 + 6 = ☐

9 + 9 = ☐   5 + 5 = ☐   7 + 3 = ☐

8 + 8 = ☐   5 + 7 = ☐   6 + 4 = ☐

7 + 7 = ☐   5 + 9 = ☐   5 + 5 = ☐

6 + 6 = ☐   5 + 6 = ☐   4 + 6 = ☐

5 + 5 = ☐   5 + 8 = ☐   3 + 7 = ☐

4 + 4 = ☐   2 + 8 = ☐

3 + 3 = ☐   1 + 9 = ☐

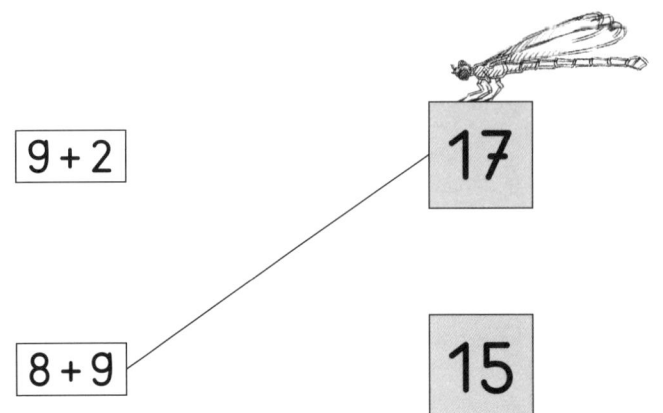

| 9 + 2 | | 17 | | 2 + 9 |

| 8 + 9 | | 15 | | 9 + 8 |

| 5 + 9 | | 11 | | 9 + 5 |

| 6 + 9 | | 14 | | 9 + 6 |

| 8 + 8 | | 13 | | 8 + 8 |

| 4 + 9 | | 16 | | 9 + 4 |

$7 + 3 = \boxed{1 \; 0}$	$8 + 2 = \boxed{}$	$7 + 5 = \boxed{}$
$7 + 5 = \boxed{}$	$8 + 4 = \boxed{}$	$6 + 5 = \boxed{}$
$7 + 4 = \boxed{}$	$8 + 3 = \boxed{}$	$5 + 5 = \boxed{}$
$7 + 6 = \boxed{}$	$8 + 6 = \boxed{}$	$7 + 6 = \boxed{}$
$7 + 8 = \boxed{}$	$8 + 5 = \boxed{}$	$7 + 7 = \boxed{}$
$7 + 7 = \boxed{}$	$8 + 7 = \boxed{}$	$7 + 8 = \boxed{}$
$9 + 4 = \boxed{}$	$5 + 9 = \boxed{}$	$6 + 6 = \boxed{}$
$8 + 4 = \boxed{}$	$5 + 8 = \boxed{}$	$6 + 7 = \boxed{}$
$7 + 4 = \boxed{}$	$5 + 7 = \boxed{}$	$6 + 8 = \boxed{}$
$6 + 4 = \boxed{}$	$5 + 6 = \boxed{}$	$6 + 9 = \boxed{}$

Ich bin grün!

+	5	6	7
6	11		
7			

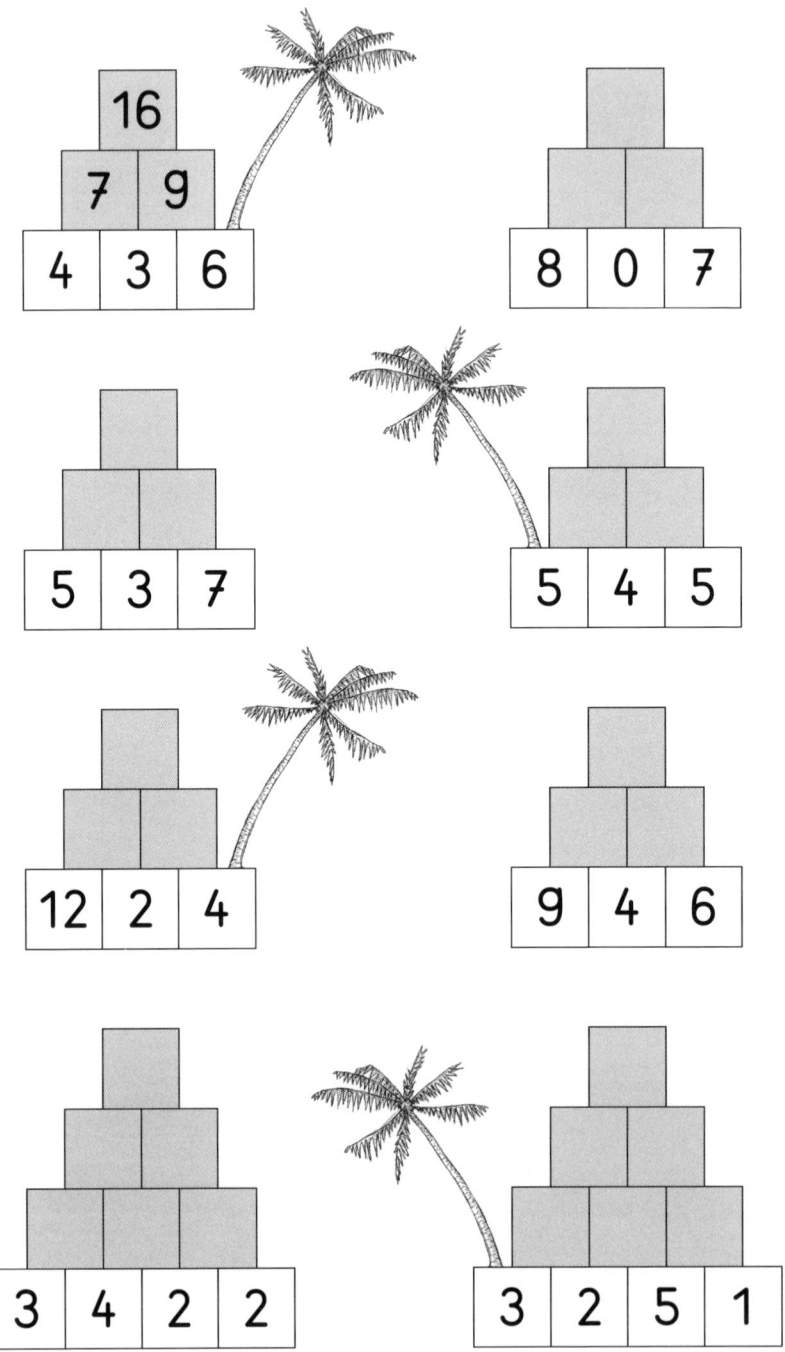

Zahlenmauern

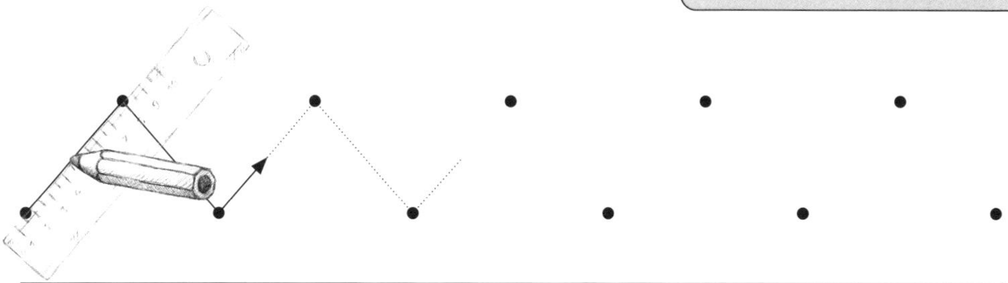

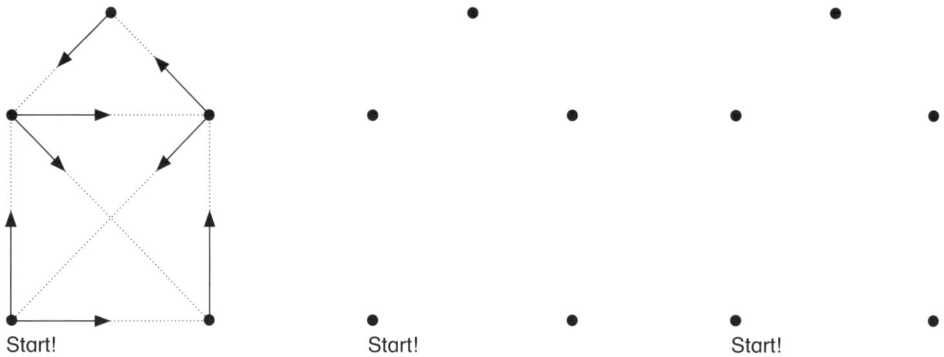

Start!

Start!

Start!

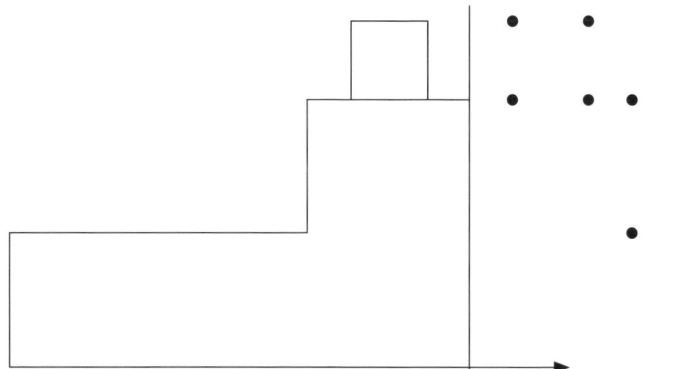

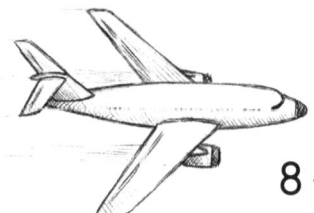

8 + 2 + 3 = $\boxed{1 \;\vdots\; 3}$

8 + 2 + 5 = $\boxed{}$

7 + 3 + 6 = $\boxed{}$

7 + 3 + 4 = $\boxed{}$

4 + 6 + 7 = $\boxed{}$

4 + 6 + 2 = $\boxed{}$

5 + 5 + 3 = $\boxed{}$

5 + 5 + 1 = $\boxed{}$

2 + 8 + 2 = $\boxed{}$

2 + 8 + 4 = $\boxed{}$

1 + 9 + 4 = $\boxed{}$

1 + 9 + 7 = $\boxed{}$

3 + 7 + 7 = $\boxed{}$

3 + 7 + 8 = $\boxed{}$

6 + 4 + 9 = $\boxed{}$

6 + 4 + 4 = $\boxed{}$

9 + 1 + 2 = $\boxed{}$

9 + 1 + 7 = $\boxed{}$

10 + 0 + 7 = $\boxed{}$

10 + 0 + 9 = $\boxed{}$

Tausche!

9 + ⟨6⟩ + ⟨1⟩ = [1 | 6]

8 + ⟨7⟩ + ⟨2⟩ = [|]

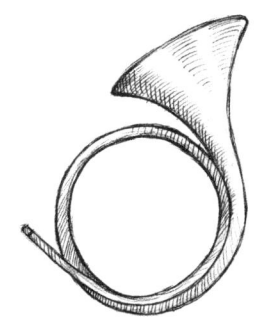

6 + ⟨7⟩ + ⟨4⟩ = [|]

7 + ⟨6⟩ + ⟨3⟩ = [|]

5 + ⟨8⟩ + ⟨5⟩ = [|]

4 + ⟨7⟩ + ⟨6⟩ = [|]

3 + ⟨9⟩ + ⟨7⟩ = [|]

9 + 6 + 1 = | 1 | 6 |

5 + 3 + 7 = [ ]

6 + 2 + 4 = [ ]

2 + 4 + 8 = [ ]

7 + 9 + 1 = [ ]

2 + 2 + 2 = [ ]

3 + 3 + 3 = [ ]

4 + 4 + 4 = [ ]

5 + 5 + 5 = [ ]

6 + 6 + 6 = [ ]

8 + 4 + 2 = [ ]

7 + 2 + 8 = [ ]

9 + 4 + 1 = [ ]

8 + 3 + 2 = [ ]

5 + 0 + 5 = [ ]

9 + 1 + 7 = [ ]

1 + 9 + 5 = [ ]

7 + [ ] = 13

6 + [ ] = 11

8 + [ ] = 15

5 + [ ] = 12

4 + [ ] = 12

2 + [ ] = 11

9 + [ ] = 18

Addition von drei Zahlen / Ergänzungsaufgaben

Zahl	2	3	4	5	6	7	8	9	10
Das Doppelte	4								

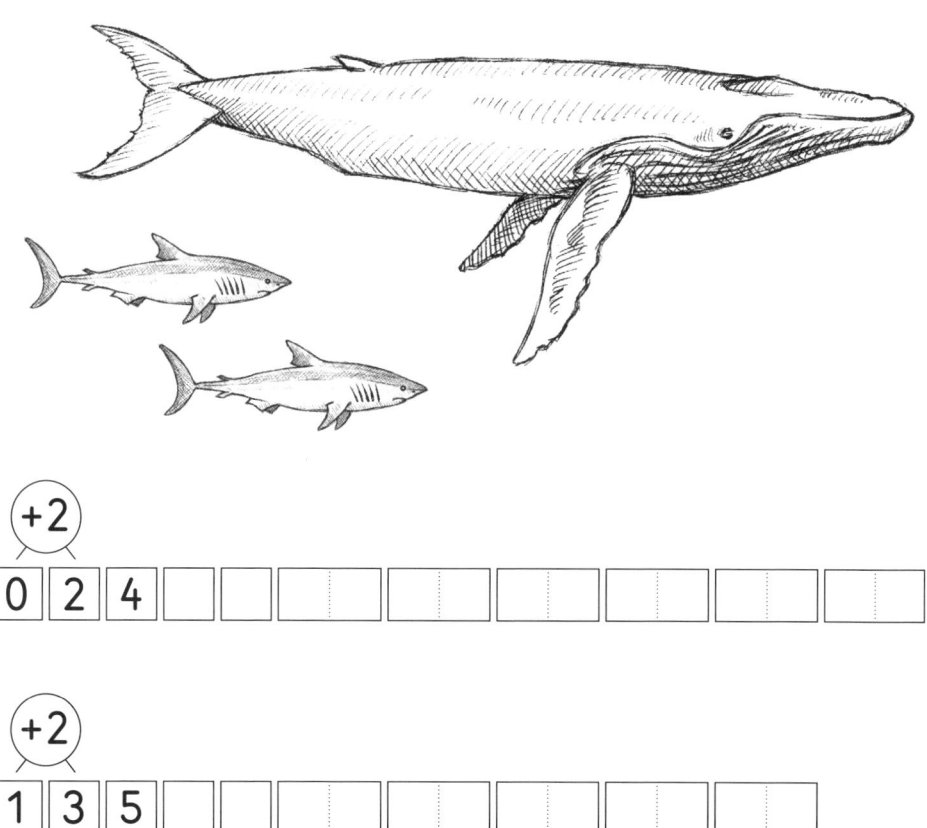

+2

0	2	4								

+2

1	3	5							

Sprich die Zahlenreihen dreimal schnell!

12 − 4 = 8

12 − 5 = ☐

13 − 6 = ☐

13 − 4 = ☐

15 − 7 = ☐

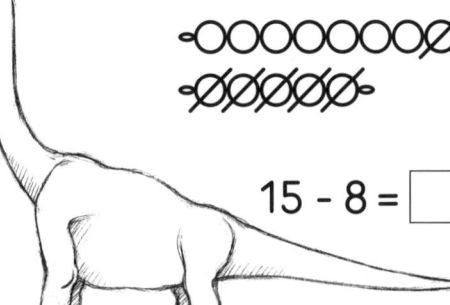

15 − 8 = ☐

14 − 7 = ☐

14 − 9 = ☐

15 - 5 = [1][0]
15 - 7 = [8]

16 - 6 = [ ][ ]
16 - 8 = [ ]

14 - 4 = [ ][ ]
14 - 7 = [ ]

13 - 3 = [ ][ ]
13 - 6 = [ ]

17 - 7 = [ ][ ]
17 - 9 = [ ]

12 - 2 = [ ][ ]
12 - 6 = [ ]

19 - 9 = [ ][ ]
19 - 11 = [ ]

18 - 8 = [ ][ ]
18 - 9 = [ ]

14 - 4 = [ ][ ]
14 - 6 = [ ]

15 - 5 = [ ][ ]
15 - 8 = [ ]

11 - 1 = [ ][ ]
11 - 3 = [ ]

16 - 6 = [ ][ ]
16 - 9 = [ ]

20 - 10 = [1 0]	5 + 5 = ☐	12 - 2 = ☐
18 - 9 = ☐	6 + 6 = ☐	12 - 3 = ☐
16 - 8 = ☐	7 + 7 = ☐	12 - 4 = ☐
14 - 7 = ☐	8 + 8 = ☐	12 - 5 = ☐
12 - 6 = ☐	9 + 9 = ☐	12 - 6 = ☐
10 - 5 = ☐	10 + 10 = ☐	12 - 7 = ☐
		12 - 8 = ☐
13 - 3 = ☐	14 - 4 = ☐	12 - 9 = ☐
13 - 4 = ☐	14 - 5 = ☐	
13 - 5 = ☐	14 - 6 = ☐	16 - 6 = ☐
13 - 6 = ☐	14 - 7 = ☐	16 - 7 = ☐
13 - 7 = ☐	14 - 8 = ☐	16 - 8 = ☐
13 - 8 = ☐	14 - 9 = ☐	16 - 9 = ☐

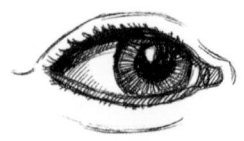

Schließe die Augen und zähle leise bis 100!

15 - 5 - 2	○		○ 2
17 - 7 - 4	○		○ 6
14 - 4 - 3	○		○ 7

11 - 1 - 8	○		○ 8
13 - 3 - 5	○		○ 4
19 - 9 - 1	○		○ 9
12 - 2 - 7	○		○ 3
16 - 6 - 6	○		○ 5

13 - $\boxed{3}$ = 10

13 - ☐ = 9

13 - ☐ = 8

13 - ☐ = 7

13 - ☐ = 6

10 - ☐ = 5

13 - ☐ = 6

14 - ☐ = 7

12 - ☐ = 7

11 - ☐ = 5

$\boxed{13}$

7 + $\boxed{6}$

11 + ☐

9 + ☐

☐ + 5

☐ + 8

6 + ☐

12 + ☐

☐ + 3

4 + ☐

12 - ☐ = 10

12 - ☐ = 9

12 - ☐ = 8

12 - ☐ = 7

12 - ☐ = 6

11 - ☐ = 8

12 - ☐ = 7

14 - ☐ = 9

12 - ☐ = 8

13 - ☐ = 9

Finde immer vier Aufgaben!

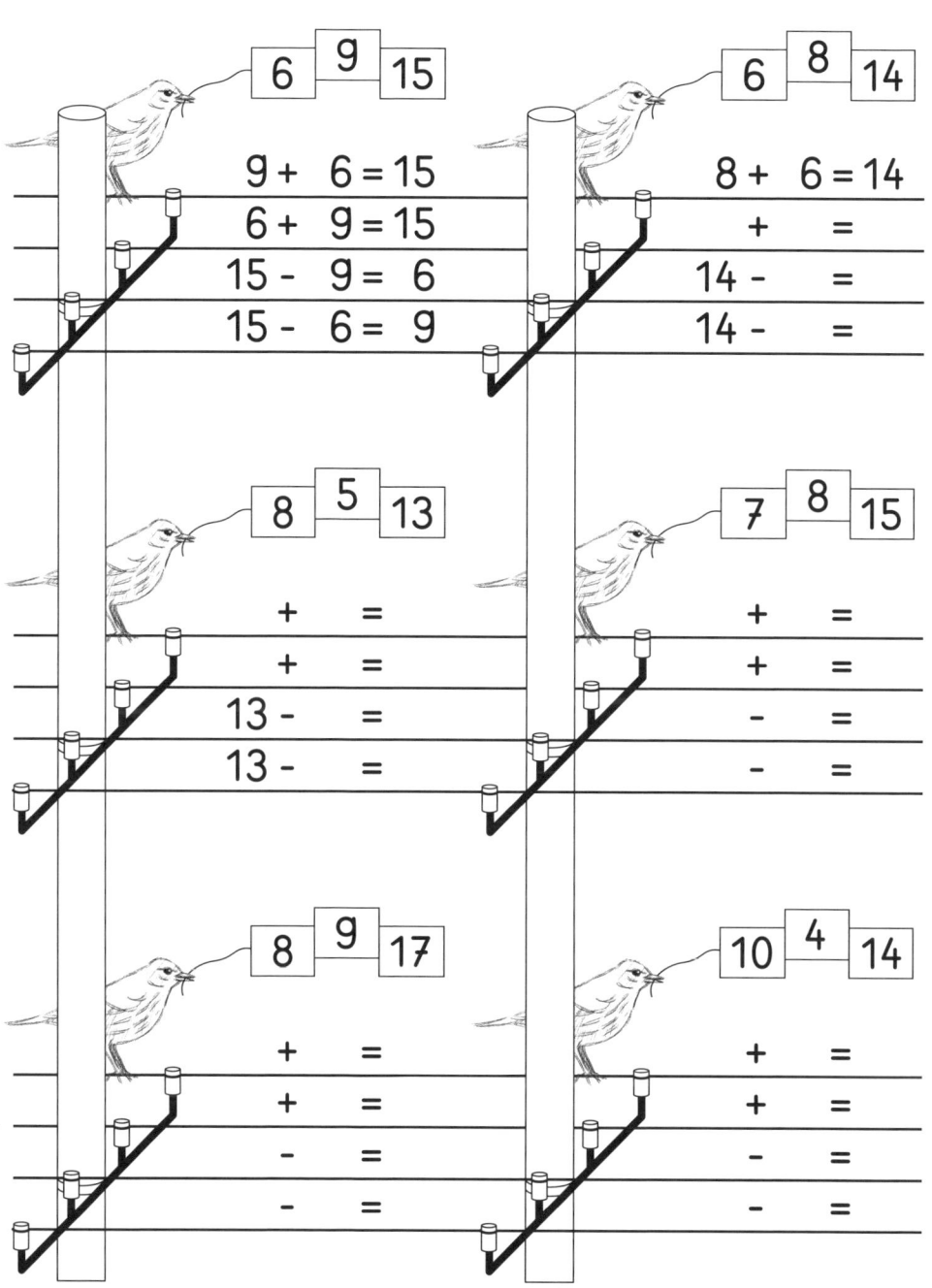

Rechne!

6 | 9 | 15

$9 + 6 = 15$
$6 + 9 = 15$
$15 - 9 = 6$
$15 - 6 = 9$

6 | 8 | 14

$8 + 6 = 14$
$+ \quad =$
$14 - \quad =$
$14 - \quad =$

8 | 5 | 13

$+ \quad =$
$+ \quad =$
$13 - \quad =$
$13 - \quad =$

7 | 8 | 15

$+ \quad =$
$+ \quad =$
$- \quad =$
$- \quad =$

8 | 9 | 17

$+ \quad =$
$+ \quad =$
$- \quad =$
$- \quad =$

10 | 4 | 14

$+ \quad =$
$+ \quad =$
$- \quad =$
$- \quad =$

Ich bin ein Roboter!

$7 + 5 = \boxed{1\ 2}$

$16 - 7 = \square$

$16 - 14 = \square$

$11 - 10 = \square$

$18 - 12 = \square$

$19 - 6 = \square$

$15 - 8 = \square$

$16 - 13 = \square$

$20 - 12 = \square$

$6 + 8 = \square$

$19 - 9 = \square$

$19 - 8 = \square$

$14 - 9 = \square$

$12 - 8 = \square$

		0		12	
	9				2
		17	1	20	
6	13			7	3	8
14				10	16	11
	18	5	19	4		15

Schwierige Subtraktionsaufgaben

Das Hunderterfeld

1	2	3	4	5	6	7	8	9	10
11	12	13	14	15	16	17	18	19	20
21	22	23	24	25	26	27	28	29	30
31	32	33	34	35	36	37	38	39	40
41	42	43	44	45	46	47	48	49	50
51	52	53	54	55	56	57	58	59	60
61	62	63	64	65	66	67	68	69	70
71	72	73	74	75	76	77	78	79	80
81	82	83	84	85	86	87	88	89	90
91	92	93	94	95	96	97	98	99	100

Lies leise alle Zahlen!

Welche Zahlen fehlen?

1		3			6	7		9	10
11	12		14	15		17	18	19	20
21	22	23		25	26	27	28		30
	32	33	34		36	37		39	40
41	42	43			46	47	48		50
51		53		55	56		58	59	60
61	62		64	65	66	67		69	70
71	72	73	74		76	77	78	79	80
81		83	84	85	86	87		89	90
	92	93		95		97	98	99	100

Schreibe alle grauen Zehnerzahlen auf!

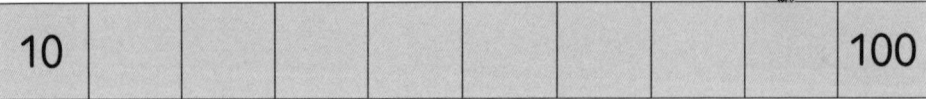

10									100

Ich zeige, was ich kann!

 17    10

Zahl	3	5	7	4	6	9	2	10
Das Doppelte								

8 + 6 = ☐   12 - 4 = ☐

4 + 9 = ☐   13 - 7 = ☐

5 + 7 = ☐   14 - 9 = ☐

7 + 8 = ☐   11 - 4 = ☐

7 + ☐ = 13   11 - ☐ = 7

6 + ☐ = 11   13 - ☐ = 9

8 + ☐ = 15   15 - ☐ = 7

Zahl	6	4	18	8	16	10	12	20
Die Hälfte								

Ich zeige, was ich kann!

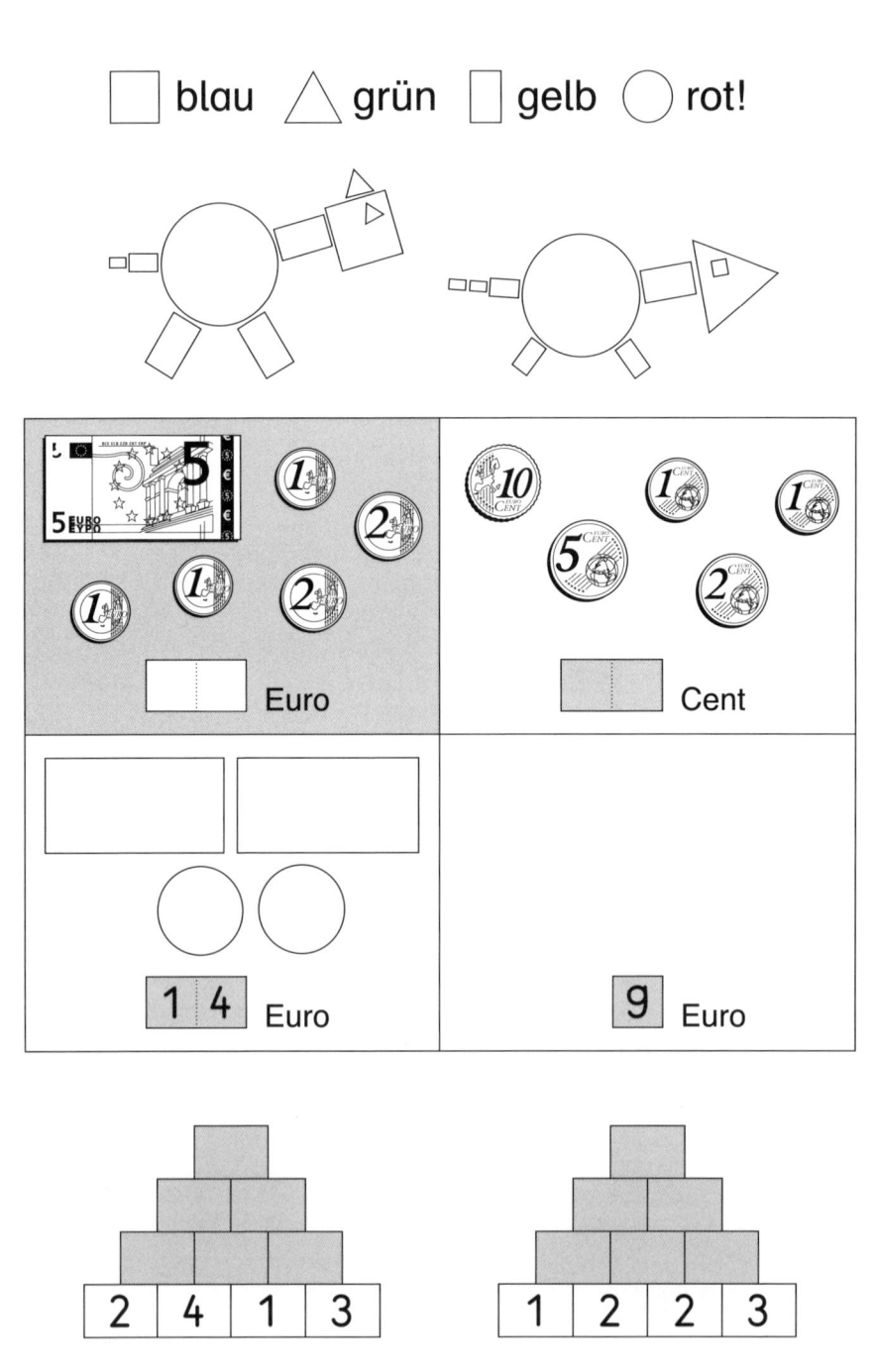

□ blau △ grün □ gelb ◯ rot!

1 4 Euro

9 Euro

| 2 | 4 | 1 | 3 |

| 1 | 2 | 2 | 3 |